drôles de machines
LES BULLDOZERS

Pour Kate, Tim, Henry et Angus -TM

KINGFISHER
Kingfisher Publications Plc
New Penderel House, 283-288 High Holborn
London WC1V 7HZ

Édition originale cartonnée par Kingfisher Publications Plc 1997
Édition originale brochée par Kingfisher Publications Plc 1999
Texte copyright © Tony Mitton 1997
Illustrations copyright © Ant Parker 1997
Copyright © 2001 Kingfisher pour la traduction française

La traduction française a été réalisée par
Frankland Publishing Services Ltd
Montage Thierry Blanc

Dépôt légal : mars 2002

ISBN 0 7534 2002 3

Imprimé à Singapour

drôles de machines
LES BULLDOZERS

tony Mitton et
Ant Parker

pique
nique

KINGfISHER

Les bulldozers sont gros, forts et bruyants.

Les pelleteuses soulèvent et avancent en creusant.

Leur grosse pelle les aide à déblayer la terre…

qu'elles amassent et poussent en arrière.

Les excavatrices creusent le sol en profondeur.

Elles cassent et broient les matériaux avec ardeur.

Les pelleteuses déplacent terre, pierres et gravats...

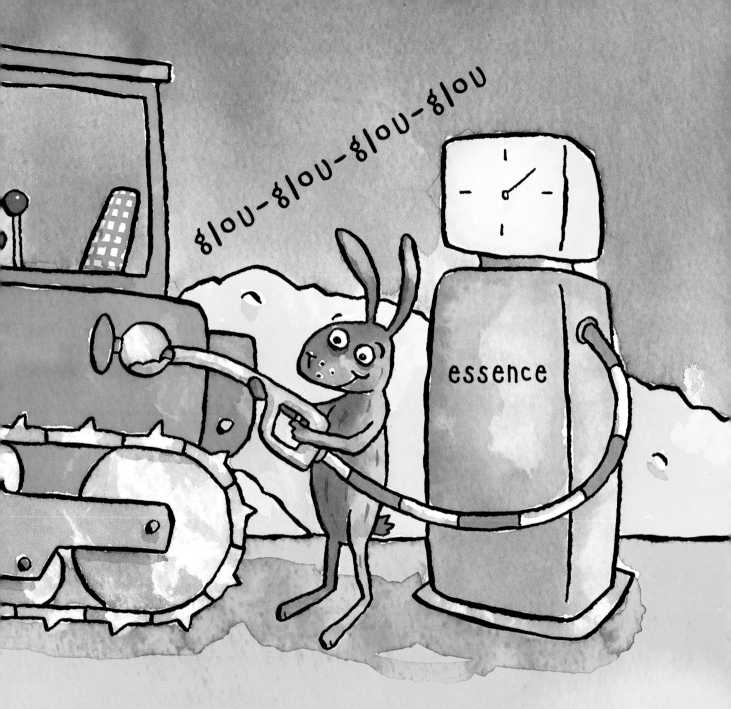

et consomment beaucoup d'essence en faisant cela.

Certaines machines ont des chenilles, ou des pneus...

d'autres ont un cric qui les équilibre beaucoup mieux.

Elles ont des pneus ou des chenilles
qui adhérent au sol plat...

et les aident à se déplacer
dans la boue ou les gravats.

Ces gros engins écrasent,
nivèlent et roulent dans la boue.

On dirait que ce bulldozer
est vraiment très sale de partout !

Les bulldozers enfoncent, démolissent et cassent...

de gros murs qui s'ébranlent et se fracassent.

Les grosses chargeuses soulèvent, hissent, tirent...

et apportent des tonnes de ciment pour construire.

Et voilà que tous les engins de chantier sont garés…

et que les ouvriers, fatigués, ont fini leur journée.

Mots à retenir

elles contrôlent tous les mouvements du bulldozer

pneus

ils permettent aux roues d'adhérer au sol et à l'engin de se déplacer

pelle

elle sert à creuser et à déblayer

cric

il stabilise la pelleteuse lorsqu'elle soulève ou creuse

piston

c'est une pompe puissante qui permet à la pelleteuse de s'actionner

concasseur

il casse le béton ou les roches

chenilles

elles servent à se déplacer dans les endroits où le terrain est glissant ou accidenté

lame

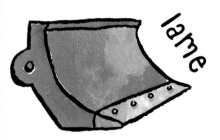

elle sert à démolir et à enfoncer